公路施工安全教育系列丛书—工种培训口袋书
本书为《公路施工安全视频教程》配套用书

沥青混凝土摊铺机操作工
安全操作手册

广 东 省 交 通 运 输 厅　组织编写
广东省南粤交通投资建设有限公司
中 铁 隧 道 局 集 团 有 限 公 司　主　　编

人民交通出版社股份有限公司
China Communications Press Co.,Ltd.

内 容 提 要

本书是《公路施工安全教育系列丛书——工种安全操作》中的一本,是《公路施工安全视频教程》(第五册 工种安全操作)的配套用书。本书主要介绍沥青混凝土摊铺机操作工安全作业的相关内容,包括:摊铺机操作工简介、摊铺机操作工职责及安全操作风险、摊铺机操作工基本要求、摊铺机操作安全要求、摊铺机检修保养安全要求等。

本书可供沥青混凝土摊铺机操作工使用,也可作为相关人员安全学习的参考资料。

图书在版编目(CIP)数据

沥青混凝土摊铺机操作工安全操作手册/广东省交通运输厅组织编写;广东省南粤交通投资建设有限公司,中铁隧道局集团有限公司主编. — 北京:人民交通出版社股份有限公司,2018.12
ISBN 978-7-114-15045-6

Ⅰ.①沥… Ⅱ.①广… ②广… ③中… Ⅲ.①沥青路面—混凝土施工—机械设备—操作—技术手册 Ⅳ.①U416.217.04-62

中国版本图书馆CIP数据核字(2018)第225921号

Liqing Hunningtu Tanpuji Caozuogong Anquan Caozuo Shouce

书　　名:	沥青混凝土摊铺机操作工安全操作手册
著　作　者:	广东省交通运输厅组织编写
	广东省南粤交通投资建设有限公司　中铁隧道局集团有限公司主编
责任编辑:	韩亚楠　崔　建
责任校对:	宿秀英
责任印制:	张　凯
出版发行:	人民交通出版社股份有限公司
地　　址:	(100011)北京市朝阳区安定门外馆斜街3号
网　　址:	http://www.ccpress.com.cn
销售电话:	(010)59757973
总　经　销:	人民交通出版社股份有限公司发行部
经　　销:	各地新华书店
印　　刷:	北京交通印务有限公司
开　　本:	880×1230　1/32
印　　张:	1.25
字　　数:	34千
版　　次:	2018年12月　第1版
印　　次:	2023年4月　第3次印刷
书　　号:	ISBN 978-7-114-15045-6
定　　价:	15.00元

(有印刷、装订质量问题的图书由本公司负责调换)

编委会名单
EDITORIAL BOARD

《公路施工安全教育系列丛书——工种安全操作》编审委员会

主 任 委 员：黄成造

副主任委员：潘明亮

委　　　员：张家慧　陈子建　韩占波　覃辉鹃

　　　　　　　王立军　李　磊　刘爱新　贺小明

　　　　　　　高　翔

《沥青混凝土摊铺机操作工安全操作手册》编写人员

编　　　写：李和强　邵志龙　周利君

校　　　核：王立军　刘爱新

版 面 设 计：李慧敏　任红美

致工友们的一封信 LETTER

亲爱的工友：

　　你们好！

　　为了祖国的交通基础设施建设，你们离开温馨的家园，甚至不远千里来到施工现场，用自己的智慧和汗水将一条条道路、一座座桥梁、一处处隧道从设计蓝图变成了实体工程。你们通过辛勤劳动为祖国修路架桥，为交通强国、民族复兴做出了自己的贡献，同时也用双手为自己创造了美好的生活。在此，衷心感谢你们！

　　交通建设行业是国家基础性和先导性行业，也是安全生产的高危行业。由于安全意识不够、安全知识不足、防护措施不到位和违章操作等原因，安全事故仍时有发生，令人非常痛心！从事工程施工一线建设，你们的安全牵动着家人的心，牵动着广大交通人的心，更牵动着党中央及各级党委、政府的心。为让工友们增强安全意识，提高安全技能，规范安全操作，降低安全风险，保证生产安全，我们组织开发制作了以动画和视频为主要展现形式的《公路施工安全视频教程》（第五册　工种安全操作），并同步编写了配套的《公路施工安全教育系列丛书——工种安全操作》口袋书。全套视频教程和配套用书梳理、提炼了工种操作与安全生产相关的核心知识和现场安全操作要点，易学易懂，使工友们能知原理、会工艺、懂操作，在工作中做到保护好自己和他人不受伤害。

　　请工友们珍爱生命，安全生产；祝福你们身体健康，工作愉快，家庭幸福！

广东省交通运输厅
二〇一八年十月

目录
CONTENTS

1 摊铺机操作工简介 …………………………… 1
2 摊铺机操作工职责及安全操作风险 …………… 5
3 摊铺机操作工基本要求 ……………………… 10
4 摊铺机操作安全要求 ………………………… 13
5 摊铺机检修保养安全要求 …………………… 28

PART 1 / 摊铺机操作工简介

1.1 摊铺机操作工定义

摊铺机操作工是操作沥青混凝土摊铺机,将预先拌制的沥青混合料(石油沥青、碎石等)均匀摊铺,并进行整平和初步压实的专业人员。

1.2 摊铺机基本结构

摊铺机主要由车架、动力系统、行走装置、供料装置、工作装置和控制系统等组成。

动力系统

供料装置

车架 / 控制系统 / 行走装置 / 工作装置

1.3 摊铺机的类型

按照摊铺宽度可分为:小型、中型、大型、超大型。

沥青混凝土摊铺机类型

类型	摊铺宽度	适用范围
小型	<3.6m	路面的养护和低等级路面的摊铺
中型	4~5m	二级以下公路的修筑和路面养护
大型	5~10m	高等级路面的摊铺
超大型	>10m	高速公路路面的摊铺

按照行走方式可分为：履带式、轮胎式。

履带摊铺机

轮胎摊铺机

按照熨平板加热方式可分为：电加热式、燃气加热式。

电加热摊铺机

燃气加热摊铺机

高速公路一般多采用液压传动自动控制型摊铺机，以保证作业精度。

PART 2 / 摊铺机操作工职责及安全操作风险

2 PART 摊铺机操作工职责及安全操作风险

2.1 摊铺机操作工的主要职责

（1）做好"一日三检"，发现问题及时上报并处理。

（2）熟练掌握摊铺机安全操作规程并严格遵守，做到"三知四会"（知结构原理、知技术性能和知安全装置的作用；会操作、会维护、会检修、会排除一般故障）。

(3)严格执行安全管理及操作规章制度和安全技术交底,不违章作业,不擅离操作岗位。

擅离岗位

PART 2 / 摊铺机操作工职责及安全操作风险

（4）熟悉摊铺机各部件性能，做好设备的日常维护、检修工作，并认真填写《机械设备日常维修记录》。

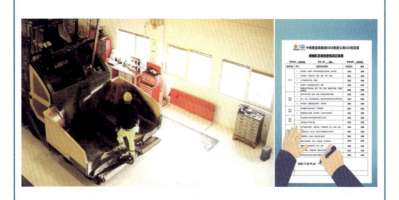

（5）操作过程中服从现场指挥人员的指令，对违章指挥及强令冒险作业有权拒绝。

2.2 摊铺机操作主要安全风险

车辆伤害：作业过程中施工人员被行走的车辆碰撞、刮擦、碾压等造成伤害。

机械伤害：进行设备检修、维护等作业时，受到设备的绞、戳、挤压、切割等伤害。

PART 2 / 摊铺机操作工职责及安全操作风险

灼烫：作业中被熨平板、沥青混合料、水箱高温蒸汽等烫伤。

火灾：燃气发生泄露等引发的火灾。

职业病：因长时间接触高温、沥青烟尘等导致职业病发生。

3 PART 摊铺机操作工基本要求

年龄
年满18岁

身体
- 健康，定点医院体检合格
- 无色盲、视力及听力障碍等

持证
- 取得职业资格证

入场
- 接受入场安全教育培训并考核合格。
- 接受摊铺机安全技术交底。

PART 3 / 摊铺机操作工基本要求

（1）作业前
- 严格执行"定人、定机、定岗位职责"的三定原则。
- 检查设备是否满足作业安全要求。

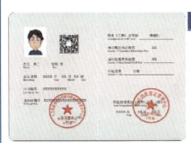

（2）作业时
- 做好摊铺过程的监视，严禁擅离岗位。
- ⚠ 严禁将设备用于牵引、载人等设计性能以外的用途。

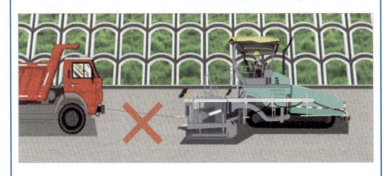

- 规范穿戴个人防护用品。
- 禁止穿拖鞋、短裤;衣服袖口、下摆及裤管等应扎紧。
- 沥青摊铺时宜站在上风侧或增设局部通风。
- 接触沥青及其烟尘易引起皮肤病、肺病、神经系统疾病、肝病等职业病,接触大量烟尘可能导致中毒昏迷,应佩戴密闭式防尘口罩,并注意通风。

PART 4 / 摊铺机操作安全要求

摊铺机操作安全要求

作业前安全要求

（1）确认摊铺机安全状态，检查紧固螺栓是否有松动、旋钮和操纵杆是否在规定位置。检查外观，看有无漏水、漏油、部件松动、裂纹等。

（2）作业前,用喷油器向料斗、推辊、刮板输料器、螺旋分料器、行走传动链和熨平板等各部位喷洒薄层柴油,并试运转各机构。待发动机水温达40℃以上,液压油温度在20℃以上方可移动机械,发动机水温达60℃后,方可全负荷工作。

（3）根据技术交底要求调整摊铺机的摊铺宽度、厚度和拱度等参数(螺旋分料器小于熨平板宽度30~40cm,熨平板宽度应小于摊铺宽度20~30cm)。

(4)合理选择铺速度、螺旋分料器转速、料斗闸门开度等,并在作业中进行必要的修正。

摊铺速度宜控制在2~6m/min的范围内,对改性沥青混合料及SMA混合料宜放慢至1~3m/min。

(5)熨平板、螺旋分料器伸长后,检查确认相应的挡板、拉杆和撑杆等。

(6)摊铺机启动后应怠速运转3~5分钟预热,使熨平板的温度接近沥青混合料的温度。沥青混合料摊铺最低温度根据铺筑层厚度、气温、风速及下卧层表面温度综合确定,且不得低于规范要求,摊铺首车沥青混合料时优先最后到达的车辆,避免温度较低的混合料接触设备发生黏结。

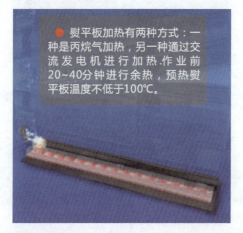

● 熨平板加热有两种方式:一种是丙烷气加热,另一种通过交流发电机进行加热。作业前20~40分钟进行余热,预热熨平板温度不低于100℃。

(7)预热时严禁任何人员靠近熨平板,防止灼烫伤人。摊铺作业临时中断时,熨平板应保持作业温度。

PART 4 / 摊铺机操作安全要求

(8)雨雪天气及气温低于5℃时,应停止沥青摊铺作业。改性沥青及 SMA 混合料路面低于10℃不得施工。

(9)摊铺作业时应重点做好以下防火措施:
①使用燃气加热的应检查燃气管道,不得漏气。
②停机时应先关闭燃气,并让鼓风机继续工作2分钟以降温。

③夏季做好气瓶遮盖,防止暴晒。

④使用柴油进行润滑及清理时,禁止烟火靠近。熨平板加热时严禁喷洒柴油。

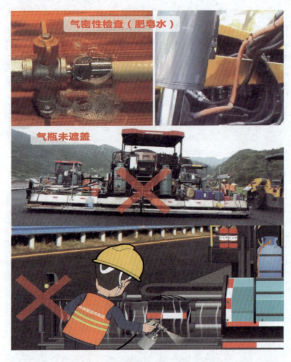

(10)设置2具以上灭火器,并经常检查确保有效。

PART 4 / 摊铺机操作安全要求

4.2 作业中安全要求

(1) 摊铺机行走前须鸣笛,待周围人员避让后方可行走。

(2) 运行中严禁无关人员上下摊铺机,自动调平装置须由工程技术人员操作。

(3)应随时清除摊铺机行走范围内异物,确保行走平稳。

(4)自卸车卸料时,应设专人指挥倒车,车厢对准料斗慢速对接,防止冲撞。

指挥人员

PART 4 / 摊铺机操作安全要求

(5)摊铺机顶推滚轮紧靠自卸车后轮,自卸车空挡并怠速运转,在摊铺机的顶推作用下同步行进。

(6)机械传动的摊铺机换挡时必须待机械完全停止后操作,严禁强力挂挡;下坡时严禁空挡滑行。

强力挂挡

(7)运行过程中不得倒退,如需倒退必须提起熨平板,并停止摊铺。

(8)弯道摊铺作业时应连续、平稳转动调节按钮,避免急转向;同时注意边缘障碍物和人员,以免发生碰撞。

(9）坡道上作业时应由低处向高处摊铺，若须下坡作业时，要与自卸车驾驶紧密配合，速度稳定。

（10）夜间或视线不良时应有充足照明；面层摊铺作业禁止夜间施工。

（11）工作过程中驾驶舱内的警示灯闪亮时，必须停机排除故障。

PART 4 / 摊铺机操作安全要求

4.3 作业后安全要求

关闭气罐阀门、锁闭操作台等。

结 束 作 业

工作装置、运行机构等部位喷洒少许柴油进行清理。

设 备 清 理

在安全、平坦的位置停放,熨平板进行支垫或用挂钩挂牢,周围设安全标示,夜间设警示灯。

设 备 停 放

运 输 转 场

- 锁好保险装置,放下驾驶棚,以免剐碰。
- 起吊装运时,使用专用吊点,防止倾覆。

PART 4 / 摊铺机操作安全要求

- 严格控制行驶速度,注意保护新施工路面。
- 行驶速度宜控制在3.5~4km/h。
- 轮胎式摊铺机运距超过10km、履带式摊铺机运距超过1km须拖运转移,不得自移转场。

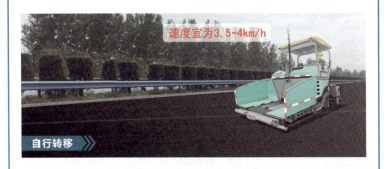

5 PART 摊铺机检修保养安全要求

（1）检修时应停机，并关闭电源，停放在平坦、坚实的路面上。

（2）检修作业应注意熨平板、发动机等位置存在高温，当心烫伤。

PART 5 / 摊铺机检修保养安全要求

(3)日常应对油位、水位、仪表、灯光、各零部件磨损等情况进行检查。

(4)操纵系统、工作装置、车架焊缝和螺栓紧固等情况应定期进行检查。

PART 5 / 摊铺机检修保养安全要求

(5)牵引摊铺机时,应使用刚性拖杆。
⚠ 严禁采用钢丝绳等软性牵引。

(6)在检修保养过程中若发现机械故障或安全隐患时,应及时上报处理。

沥青混凝土摊铺机操作工安全口诀

摊铺作业要求高

安全规程要记牢

上机检查很重要

车多烟尘高温烤

柴油燃气易燃爆

口罩背心安全帽

挡板护罩均不少

厚度拱度规范调

路面平整质量高